São Paulo

no coração do Brasil

Fotos: Arnaldo Borensztajn*
Projeto e textos: Felix Richter
Apoio editorial: Martin Fiegl
ISBN:978-85-87467-23-2
Copyright: Céu Azul de Copacabana Editora Ltda
Todos os direitos reservados
Impresso na Áustria por Alpina Druck
www.colorfotos.com.br   www.mundoimagem.com.br

*exceto:
MUNDOimagem: 9, 20-21, 25, 28, 31, 32–33, 35, 39, 45, 55, 64
Shutterstock: 46, 61

Cidade de São Paulo: prédios a perder de vista, Oca, cultura, Centro Velho, pessoas, Memorial da América Latina, memória, Butantan, ciência, Avenida 23 de Maio, automóveis, Prédio da Bienal, eventos, Higienópolis, vida noturna, Jardins, gastronomia, Morumbi, futebol, Parque do Ibirapuera, lazer, Liberdade, mistura, Copan, arquitetura, Avenida Paulista, comércio.

São Paulo é um mundo em uma metrópole. Gigante, intensa e autêntica. Nasceu em 25 de Janeiro de 1554, dia do apóstolo Paulo, quando os padres jesuítas Manoel da Nóbrega, Manuel de Paiva e José de Anchieta celebraram a primeira missa do povoado de Piratininga, no local onde hoje se encontra o Pátio do Colégio. Parece não ter sido um acaso, pois Paulo era o mais importante discípulo de Jesus Cristo. E, hoje, São Paulo é a mais importante cidade do país, pilar principal da economia brasileira.

Neste livro, estão reunidas as principais atrações da cidade. Desde o imponente edifício Copan ao acolhedor Parque do Ibirapuera. A idéia é oferecer ao visitante uma agradável recordação. E, ao paulistano, um lembrete diário de quão interessante, viva, complexa e intensa é a cidade de São Paulo.

The city of São Paulo, a landscape of skyscrapers, *Oca*, culture, *Centro Velho*, people, *Memorial da América Latina*, memory, *Butantan*, science, *Avenida 23 de Maio*, cars, *Prédio da Bienal*, events, *Higienóplis*, nightlife, *Jardins*, gastronomy, *Morumbi*, football, *Parque do Ibirapuera*, leisure, *Bairro da Liberdade*, mixture, *Copan*, architecture, *Avenida Paulista*, commerce.

São Paulo is a world within a metropolis. Giant, intense and authentic. It was founded on January 25th, 1554 – the Saint´s Day of the Apostle Paul - when the Jesuit priests Manoel da Nobrega, Manuel de Paiva and José de Anchieta celebrated the first mass for the people of Piratininga at the spot where today the Patio do Colégio Schoolyard is situated. Apparently it was not a coincidence since Paul was Jesus Christ's most important disciple and today São Paulo is Brazil's most significant city and the country's major economic pillar.

This book shows the main attractions of São Paulo ranging from the powerful *Edifício Copan Building* to the inviting *Parque do Ibirapuera Parc*. The idea of this book is provide the visitor with a pleasant memory of the city and the *Paulistano* (a person born in São Paulo), a daily reminder of how interesting, complex, alive and intense the city of Sao Paulo is.

São Paulo está entre as maiores metrópoles do mundo, com uma população acima de 10 milhões de habitantes. Entre as mais variadas construções, um prédio em particular se destaca no cenário da cidade: o edifício Copan. Construído, em forma de "S" ou "onda", foi finalizado em 1966, tornando-se a maior construção de concreto armado do país. O prédio foi projetado pelo arquiteto Oscar Niemeyer. Os outros dois prédios em destaque na foto acima são: o edifício Itália (à esquerda do Copan) e o hotel Othon (construção branca e redonda, à direita do Copan).

São Paulo is one of the biggest metropolises of the world boasting a population of more than 10,000 000 people. Among the most varying constructions of the city, one building in particular attracts our attention in the landscape of the city: the *Edifício Copan Building*. Built in an "S" or "wave" shape, it was finalized in 1966 and remains the largest reinforced concrete construction of the country. The building was designed by the famous architect Oscar Niemeyer. The other two buildings pointed out in the picture above are: *Edifício Itália Building* (at the left of the *Edifício Copan Building*) and the *Hotel Othon* (white round construction at the right of the *Edifício Copan Building*).

Outro prédio de destaque na capital paulista é o do banco Banespa, construído entre 1939 e 1947. No topo do edifício, encontra-se, imponente, a bandeira de São Paulo. Quando inaugurado, em 1947, era o maior da cidade e um dos maiores do mundo.

Another construction which needs to be pointed out in the city of São Paulo (capital of the state of São Paulo) is the building of the *Banco Banespa Bank* which was built between 1939 and 1947. At the top of the building the impressive flag of São Paulo can be admired. At the building's inauguration in 1947, it was the tallest building of the city and among the largest of the world.

A mais famosa avenida da cidade, a Paulista, é o principal centro financeiro do país. Inaugurada em 1891, foi a primeira via asfaltada de São Paulo. A construção em vermelho, é o Museu de Arte de São Paulo (MASP), importante museu da cidade.

The city's most famous avenue – the *Avenida Paulista* – is the main financial centre of the country. It was inaugurated in 1891 and was São Paulo's first asphalted avenue. The red building that can be seen in the small picture is the *MASP* (Art Museum of São Paulo) an important museum of the city.

15

O Pátio do Colégio (à esquerda) é considerado o lugar de fundação de São Paulo. Em 25 de Janeiro de 1554, os padres José de Anchieta, Manoel da Nóbrega e Manuel de Paiva rezaram a primeira missa da cidade naquele local. A estátua de José de Anchieta (à direita) encontra-se na Praça da Sé.

The *Pátio do Colégio Schoolyard* (left) is the place where the city of São Paulo was founded. On January 25th , 1554 the three priests José da Anchieta, Manoel da Nóbrega and Manuel de Paiva held the first mass for the town at this place. The statue of José de Anchieta (right) is situated at the Praça da Sé Square.

Praça da Sé e Catedral Metropolitana, também conhecida como Catedral da Sé. A maior igreja de São Paulo foi construída para a comemoração dos 400 anos da cidade, sendo inaugurada em 1954.

Praça da Sé Square and *Catedral Metropolitana Cathedral* also known as *Catedral da Sé Cathedral*. The largest church of São Paulo was built at the occasion of the 400th anniversary of the town and was inaugurated in 1954.

No coração de uma das maiores metrópoles do mundo existe um refúgio do caos, o Parque do Ibirapuera. Muito bem cuidado e administrado, o parque oferece o contato com a natureza que falta no dia-a-dia da cidade grande. Dois importantes centros de arte estão nas suas dependências: Museu de Arte Moderna (MAM) e OCA.

In the heart of one of the world's largest metropolises you can still find a place to refuge from chaos: The *Parque do Ibirapuera Park*. It is very well administered and maintained offering a contact with nature that lacks in every day life in Sao Paulo. Two important art centers are situated within the area of the park: *MAM* (Museum of Modern Art) and *OCA* (Exhibition Centre).

O Prédio da Bienal abriga importantes eventos da cidade, como o SP Arte e o São Paulo Fashion Week.

Major events like the *SP Arte* (Art Fair of São Paulo) and the *São Paulo Fashion Week* take place in the *Prédio da Bienal Building*.

Foto: Márcia Fasoli / Zé Takahashi - SP Fashion Week
Desfile de André Lima

Foto de Felix Richter na SP-Arte

O Monumento aos Bandeirantes é uma referência à história do Brasil. As chamadas bandeiras eram expedições organizadas por senhores de engenhos e comerciantes. Tinham como objetivo localizar pedras preciosas e (infelizmente) capturar índios. Mas estes homens, os bandeirantes, acabaram entrando na história do país por desbravar grande parte do que é hoje o território brasileiro.

The Monumento aos Bandeirantes Monument is a memorial of Brazilian history. The so called "Bandeiras" were expeditions organized by the owners of sugar plantations and merchants. Their main target was to find precious stones and (unfortunately) capture indigenous people. But, these men – the Bandeirantes – are known in Brazilian history for having conquered a big part of what is today considered Brazilian territory.

Uma das maiores obras de arte brasileiras, o "Painel Tiradentes" (de Cândido Portinari) está em exposição permanente no Memorial da América Latina. O memorial (foto) foi projetado pelo arquiteto Oscar Niemeyer e representa, segundo ele, "um ato de fé e solidariedade continental". O símbolo do projeto é a obra "Mão" (à direita), criada pelo próprio arquiteto.

One major piece of Brazilian art is the Painel Tiradentes Panel of Cândido Portinari which is permanently exposed in the Latin America Memorial. The memorial (picture) was designed by the architect Oscar Niemeyer and (as he said) represents an "act of faith and continental solidarity" The symbol of the project is the Mão (the hand at the right side) which was created by the architect himself.

A estação da Luz é um símbolo do rico ciclo do café no Brasil. Erguida originalmente em 1867, foi reconstruída em 1895, com material trazido da Inglaterra, sendo uma réplica da estação australiana de Sydney. Sua função principal era a ligação entre São Paulo e o porto de Santos.

The *Estaçao da Luz Station* is a souvenir of the time of Brazil's rich coffee cycle. Originally constructed in 1867, it was rebuilt in 1895 with materials that were brought from England and is a replication of the Australian train station in Sydney. It's main function was to connect São Paulo and the harbor of Santos.

O Viaduto de Santa Efigênia, cruzando o Vale do Anhangabaú, mede 225 metros de comprimento e foi encomendado da Bélgica. As peças vinham prontas de lá, e o viaduto foi montado em São Paulo. A construção se deu entre 1911 e 1913.

The Viaduto de Santa Efigênia Viaduct that crosses the Vale do Anhangabau Valley is 225 meters long and was ordered in Belgium. The various different parts came from Belgium allowing the viaduct to be assembled in São Paulo. The construction work took place between 1911 and 1913.

A noite de São Paulo é rica em gastronomia, lazer e cultura. O belo projeto do Teatro Municipal de São Paulo é de Ramos de Azevedo. O teatro foi inaugurado em 1911 e comporta 1500 pessoas.

São Paulo has a busy nightlife with a great variety of restaurants and an important cultural and leisure industry. The striking project of the *Teatro Municipal Theatre* is of Ramos de Azevedo. The theatre was inaugurated in 1911 and has a capacity of 1500 people.

A CEAGESP é o maior centro de distribuição de frutas, legumes e verduras do estado de São Paulo. Aberta a empresas e ao público em geral, atrai milhares de pessoas todas as manhãs.

The CEAGESP is the biggest distributor of fruits and vegetables of the State of São Paulo. Opening its doors to companies and the general public it attracts thousands of people every morning.

São Paulo está hoje entre os grandes pólos gastronômicos mundiais. Trata-se de uma culinária ousada e sofisticada. Para abastecer o mercado, alguns pequenos comerciantes se especializaram em ervas, temperos e especiarias.

São Paulo is among the major gastronomic centers of the world. It is characterized by an audacious and sophisticated cuisine. A number of specialized small merchants supply the local market with herbs and spices.

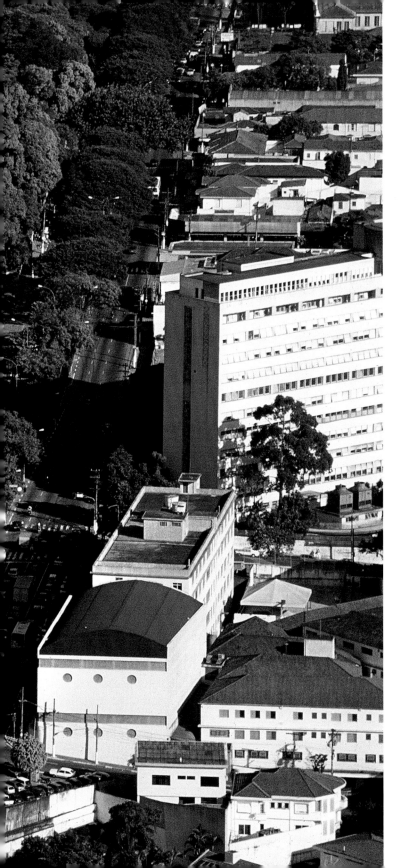

No dia 7 de setembro de 1822, São Paulo entrou definitivamente para a história do Brasil. Às margens do riacho Ipiranga, Dom Pedro I declarou a Independência do Brasil, proferindo o célebre discurso: "Amigos, as cortes de Lisboa nos oprimem e querem nos escravizar. Deste dia em diante, nossas relações estão rompidas". Então, arrancou a insígnia portuguesa de seu uniforme, sacou a espada e gritou: "Por meu sangue, por minha honra e por Deus, farei do Brasil um país livre. Brasileiros, de hoje em diante nosso lema será: Independência ou morte". Em 1895, construiu-se no local o Palácio do Ipiranga (na foto), mais conhecido como Museu do Ipiranga. No museu há importantes documentos da história do Brasil e de São Paulo, além de relíquias dos tempos do Brasil Império e Colônia. Os jardins do palácio são uma réplica, em escala menor, dos jardins de Versailles, na França.

On September the 7th , 1822 São Paulo definitely became part of Brazilian history. At the border of the *Riacho Ipiranga Stream* Emperor D. Pedro I declared Brazil independent with his famous speech. "Friends, Portugal is oppressing and enslaving us. From this day on our relations are cut." He tore the Portuguese insignia from his uniform, drew his sword and cried: "By my blood, by my honor and by God: I will make Brazil a free country. Brazilians, from now on our motto will be: independence or death". In 1895 the *Palácio de Ipiranga Palace* (picture) which is better known as the Museu do Ipiranga Museum was built there. Important documents of Brazilian History and of São Paulo, as well as relics of the period that Brazil was a colony and an empire can be seen in this museum. The gardens of the palace are a smaller version of the gardens of the Palace of Versailles in France.

O rio Pinheiros é referência na paisagem de São Paulo. Conhecido pelos índios como Jurubatuba, passou a ser chamado de rio Pinheiros pelos missionários jesuítas a partir de meados do século XVI. Nascido da junção dos rios Grande e Guarapiranga, ele deságua no Rio Tietê.

The *Rio Pinheiros River* is an important reference in the landscape of São Paulo. Originally known as *Rio Jurubatuba River* by indigenous people it was renamed *Rio Pinheiros River* in the middle of the 16th century by Jesuit Missionaries. It arises at the junction of the *Rio Grande River* and the *Rio Guarapiranga River* and flows into the *Rio Tietê River*.

O tradicional edifício Matarrazo (à direita), conhecido como Banespinha, é a sede da prefeitura de São Paulo desde 2004.

Since 2004 the Town Hall of São Paulo is based in the traditional *Edifício Matarrazzo Building* (right), also known as Banespinha.

Ao longo do rio Pinheiro encontram-se importantes centros empresariais do Brasil.

Important business centers can be found along the *Rio Pinheiro River*.

No meio da cidade, surge uma área livre. É o Jockey Club de São Paulo, fundado em 14 de março de 1875, às margens do rio Pinheiros.

In the middle of town there is a vast open space. It is São Paulo's Jockey Club which was founded on March 14th 1875 at the border of the Rio Pinheiros River.

O autódromo de Interlagos foi inaugurado em 12 de maio de 1940. Atualmente, faz parte do circuito oficial de Fórmula 1. Um dos destaques da pista é a curva do S do Senna, uma curva em forma de "S" onde a habilidade do piloto é posta à prova. Em 28 de março de 1993, o maior ídolo brasileiro de todos os tempos no automobilismo, Ayrton Senna (1960-1994), fez uma corrida que ficou na história. Mesmo com um carro inferior aos principais adversários, Senna conseguiu vencer aquela prova, graças a sua repetida habilidade de contornar a curva do S, escorregadia devido à chuva.

The Autodrome of Interlagos was inaugurated on May 12th 1940. It is one of the official circuits of the Formula 1 Race. The "S Curve" (a curve with an s-shape) named after the Brazilian driver Senna is a highlight of the circuit. In this curve the ability of the drivers is tested. On March 28th 1993 the greatest Brazilian idol of the Formula 1 Race Ayrton Senna (1960 – 1994) completed a race that is remembered in Formula 1 Race history. Eventhough he was driving a technically inferior car in comparison to his adversaries Senna won the race due to his ability to drive the "S Curve" which was very slippery with the rain.

Foto: GP Brasil de Fórmula 1

O Brasil é o país das rodovias, por onde ocorre a maior parte do transporte de cargas e pessoas. Sendo São Paulo a maior cidade do país, é também a capital brasileira dos automóveis. Vista de cima, nas horas de "rush", a cidade parece ser um gigantesco ser vivo, com centenas de milhares de carros se espremendo nas diversas vias, muitas vezes demorando horas para rodar alguns poucos quilômetros. Há carros demais na cidade. Por esta razão, adotou-se o sistema de rodízio de automóveis. Dependendo da numeração da placa do carro, é proibido transitar na cidade em determinados dias da semana. A iniciativa, além de causar transtorno aos usuários, não resolveu o problema. E as autoridades públicas agora estão investindo na ampliação do metrô. Mas, enquanto não se encontra uma solução definitiva, São Paulo é a cidade do carro.

Brazil is a country of motorways. The major transport of goods and people is on paved roads. As the largest city of the country, São Paulo is also the Brazilian capital of automobiles. Looking at it from above during rush hour the city looks like a giant living organism with hundreds of thousands of cars trying to squeeze into the different streets, very often taking hours to drive just a few kilometers. There are too many cars in town so that a traffic rotation system has been implemented. According to the number plate of a car it is forbidden to drive it on specific days during the week. Apart from causing problems for the drivers, this initiative was not efficient enough to solve the problem, so that public authorities are now investing in expanding the subway system. However, as long as no definitive solution is found, São Paulo will be the city of the automobile.

O Instituto Butantan é um importante centro de pesquisa biomédica, e tornou-se conhecido em todo Brasil por desenvolver soro contra veneno de cobras. Foi criado no início de século XX, com o objetivo de combater a peste bubônica. Mas, logo se especializou em produzir soro contra mordidas de serpentes, uma vez que ocorriam muitos acidentes nas regiões agrícolas, principalmente nas que desenvolviam a cafeicultura. Hoje, o instituto também desenvolve soro contra a picada das abelhas africanas, que foram introduzidas acidentalmente no país.

The *Instituto Butantan Institute* is an important centre for bio-medical research and is known by the whole country for developing snake venom antidotes. It was originally created in the beginning of the 20th century in order to combat the threat of the bubonic pest. But it soon specialized in developing antidotes against snake bites as in the rural areas of the country many accidents occurred particularly in coffee cultivation. Nowadays the institute also develops antidotes against the bite of African bees which were accidentally introduced in the country.

Informações adicionais:

pág. 20/21: Parque do Ibirapuera
OCA (foto de cima) – centro de exposições
25: cisne no Parque do Ibirapuera
28: OCA (foto de cima) – centro de exposições
29: Palácio 9 de Julho –Assembléia Legislativa
30: Palácio 9 de Julho –Assembléia Legislativa
32/33: Obelisco em homenagem à revolução de 1932

Additional information:

pages 20/21: Ibirapuera-Park
OCA (top) – exhibition center
25: swan in the Ibirapuera-Park
28: OCA – exhibition center
29: Palácio 9 de Julho – legislative seat
30: Palácio 9 de Julho – legislative seat
32/33: Obelisk commemorating the 1932 revolution